**TOPP 6056** € 19,90
96 S., 21 x 28 cm, Hardcover, mit DVD
**ISBN 978-3-7724-6056-2**

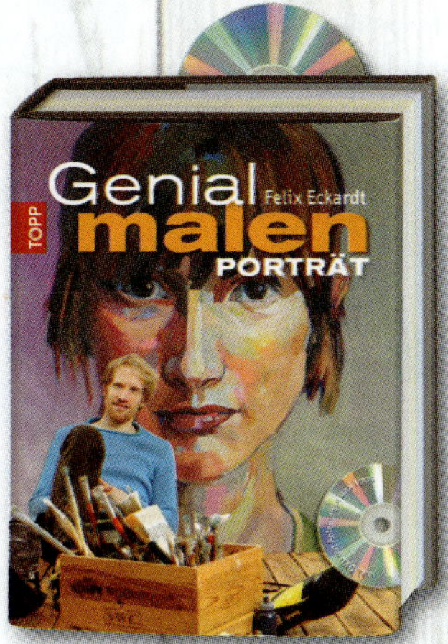


## So unterhaltsam wie eine TV-Show

**TOPP 6274** € 24,99
160 S., 21 x 28 cm, Hardcover, Schutzumschlag, DVD
**ISBN 978-3-7724-6274-0**

**TOPP 6075** € 24,99
176 S., 20 x 25,5 cm, Hardcover, Lesebändchen
**ISBN 978-3-7724-6075-36**

**TOPP 5090** € 19,90
160 S., 24 x 22 cm, Hardcover
**ISBN 978-3-7724-5090-7**

**TOPP 6065** € 19,90
128 S., 21 x 28 cm, Hardcover
**ISBN 978-3-7724-6065-4**

**…074** € 19,99
…1 x 28 cm, Hardcover
**…8-3-7724-6075-6**

**TOPP 6054** € 14,99
216 S., 21 x 28 cm, Hardcover
**ISBN 978-3-7724-6054-8**

**TOPP 6062** € 14,90
240 S., 23 x 30,5 cm, Hardcover
**ISBN 978-3-7724-6062-3**

**TOPP 6073** € 14,99
240 S., 23 x 30,5 cm, Hardcover
**ISBN 978-3-7724-6073-9**

**www.topp-kreativ.de**

TOPP

08/2011

Brigitte
Kreativ-Edition

W0355492

…Preis-
…teil beim
…er von 10%:
… 44,95 statt
…eln € 51,96

**TOPP 5540**
€ 44,95
**ISBN 978-3-7724-5540-7**

**TOPP 5541**
€ 12,99
132 S., 22,5 x 24 cm, Hardcover
**ISBN 978-3-7724-5541-4**

**TOPP 5542**
€ 12,99
132 S., 22,5 x 24 cm, Hardcover
**ISBN 978-3-7724-5542-1**

**TOPP 5543**
€ 12,99
132 S., 22,5 x 24 cm, Hardcover
**ISBN 978-3-7724-5543-8**

**TOPP 5544**
€ 12,99
132 S., 22,5 x 24 cm, Hardcover
**ISBN 978-3-7724-5544-5**

Jetzt zum Newsletter anmelden: www.topp-kreativ.de

TOPP 5099 € 24,99
280 S., 21 x 28 cm, Hardcover
ISBN 978-3-7724-5099-0

TOPP 5168 € 14,90
320 S., 21 x 26 cm, Hardcover
ISBN 978-3-7724-5168-3

TOPP 5583 € 19,99
144 S., 21 x 28 cm, Hardcover
ISBN 978-3-7724-5583-4

TOPP 5595 € 19,99
160 S., 26 x 23 cm, Flexo-Cover
ISBN 978-3-7724-5595-7

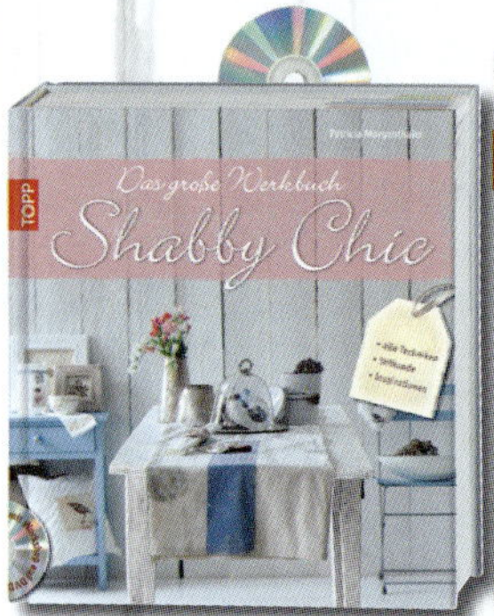


TOPP 5535 € 22,00
144 S., 25 x 27 cm, Hardcover, DVD
ISBN 978-3-7724-5535-3

TOPP 6821 € 19,99
144S., 21 x 28 cm, Hardcover
ISBN 978-3-7724-6821-6

TOPP 5597 € 14,99
144 S., 22 x 23,5 cm, Hardcover
ISBN 978-3-7724-5597-1

TOPP 6809 € 14,90
144S., 21 x 28 cm, Hardcover
ISBN 978-3-7724-6809-4

Selbermachen.Genießen.Verschenken.

TOPP 5900 € 16,99
168 S., 23 x 25 cm, Hardcover
ISBN 978-3-7724-5900-9

vorläufige Gestaltung

TOPP 5901 € 14,99
168 S., 22 x 23 cm, Hardcover
112 978-3-7724-5901-6

TOPP 5903 € 16,99
144 S., 23 x 25 cm, Hardcover
ISBN 978-3-7724-5903-0

TOPP 5902 € 14,99
168 S., 22 x 23 cm, Hardcover
ISBN 978-3-7724-5902-3

TOPP 5722 € 19,90
144 S., 24,5 x 27 cm, Hardcover
ISBN 978-3-7724-5722-7

vorläufige Gestaltung

TOPP 5745 € 14,99
132 S., 21 x 28 cm, Hardcover
ISBN 978-3-7724-5745-6

TOPP 5744 € 12,99
144 S., 21 x 28 cm, Hardcover
ISBN 978-3-7724-5744-9

TOPP 5731 € 16,99
132 S., 21 x 28 cm, Hardcover
ISBN 978-3-7724-5731-9

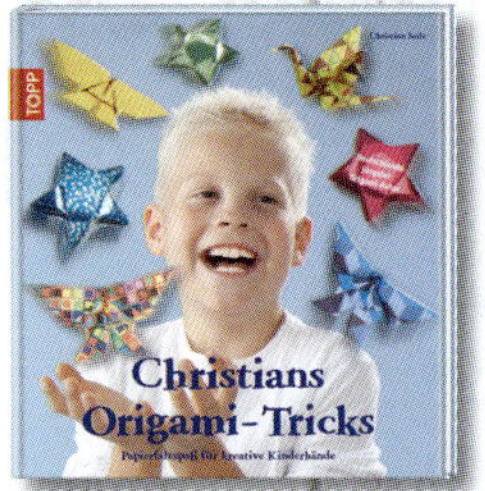


TOPP 5740 € 14,99
96 S., 24 x 25,5 cm, Hardcover
ISBN 978-3-7724-5740-1

TOPP 5738 € 14,90
128 S., 23 x 23,5 cm, Hardcover
ISBN 978-3-7724-5738-8

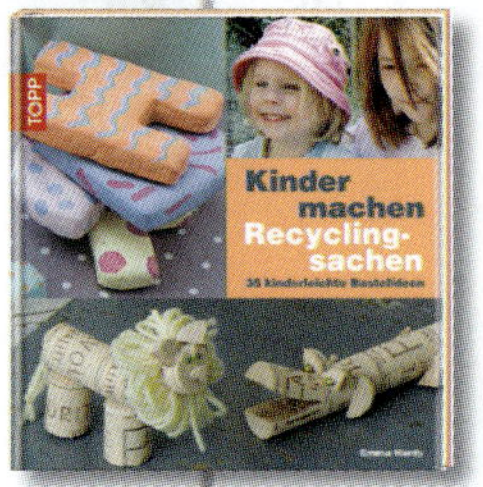


TOPP 5724 € 14,90
128 S., 23 x 23,5 cm, Hardcover
ISBN 978-3-7724-5724-1

TOPP 5750 € 14,99
128 S., 23 x 23,5 cm, Hardcover
ISBN 978-3-7724-5750-0

TOPP 6730 € 14,90
144 S., 22 x 23,5 cm, Hardcover
ISBN 978-3-7724-6730-1

TOPP 6754 € 14,99
96 S., 22 x 23 cm, Hardcover, DVD
ISBN 978-3-7724-6754-7

TOPP 6738 € 12,99
80 S., 20 x 26 cm, Hardcover
ISBN 978-3-7724-6738-7

TOPP 6713 € 1
128 S., 21 x 28 cm, Softco
ISBN 978-3-7724-6713-

TOPP 6744 € 24,99
280 S., 21 x 28 cm, Hardcover, DVD
ISBN 978-3-7724-6744-8

TOPP 6745 € 24,99
280 S., 21 x 28 cm, Hardcover, DVD
ISBN 978-3-7724-6745-5

TOPP 6718 € 16,90
80 S., 22 x 23,5 cm, Hardcover,
Schnittmusterbogen, DVD
ISBN 978-3-7724-6718-9

TOPP 6734
96 S., 22 x 23
Schnittmuste
ISBN 978-3-

TOPP 6
160 S.,
ISBN 97

Simone Beck

# POST-IT® NOTES ART

Über 150 Illustrationen für kleine und große Post-it® Notes Kunstwerke

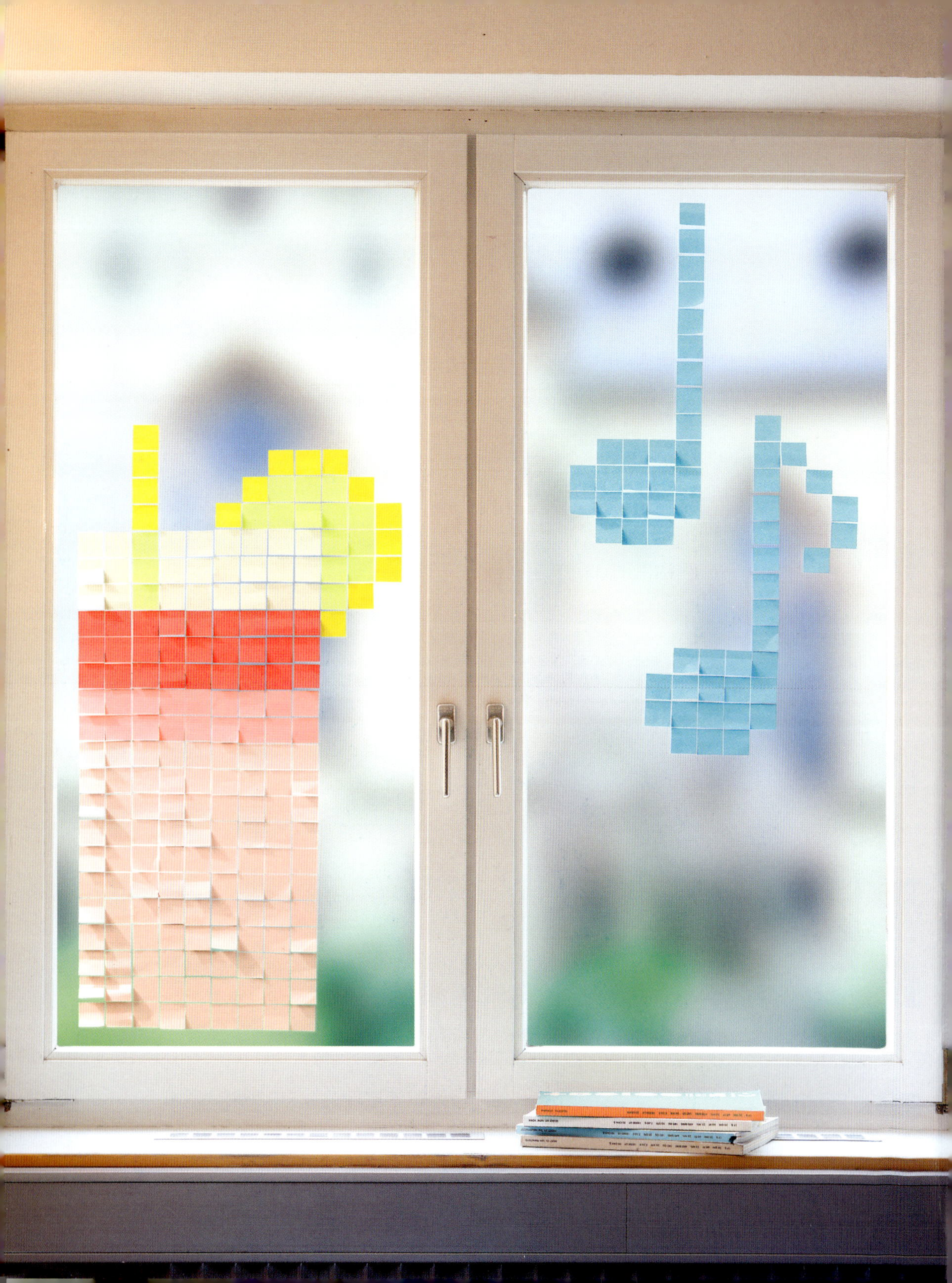

# VORWORT

Achtung – bunte Klebezettel erobern Deutschlands Fenster und Fassaden! Was einst in Frankreich so harmlos mit einer kleinen Figur begann, hat sich mittlerweile zu einer aktiven Kommunikationsform mit internationalem Ausmaß entwickelt: Post-it® Notes Art ist zu einem gern genutzten Zeitvertreib im doch meist eher grauen Alltag geworden. Egal, ob im Büro, in der Schule, der Uni oder Zuhause – die Leute kleben was das Zeug hält.

Dieses Buch führt Sie durch unterschiedliche Themen des Alltags, der Natur oder digitalen Welt und bietet Ihnen eine Reihe von Vorlagen, mit denen Sie direkt loskleben können. Es zeigt, wie vielfältig und individuell man mit den kleinen Klebezetteln umgehen kann. Dabei ist alles erlaubt: Ob bekannte Figuren wie Pac-Man oder fantasievolle Gestalten – lassen Sie Ihrer Kreativität freien Lauf.

Viel Spaß beim Kleben!

# TIERE UND GESTALTEN

Monster, Waldtiere, Meeresbewohner und mehr tummeln sich in diesem Kapitel auf Friedhöfen, in Wäldern oder unter Wasser. Für Post-it® Notes Kunstwerke eignen sich Tiere und andere Gestalten besonders gut, weil sie prima miteinander agieren können. Erschaffen Sie neue Welten auf Ihren Fensterscheiben!

**UHU**
Motivhöhe: 152 cm | Anzahl der Post-it®-Notes: 217

**SCHLEIEREULE**
Motivhöhe: 129,2 cm | Anzahl der Post-it®-Notes: 195

**FLIEGENPILZ**
Motivhöhe: 114 cm | Anzahl der Post-it®-Notes: 134

**MINI-FLIEGENPILZ**
Motivhöhe: 91,2 cm | Anzahl der Post-it®-Notes: 36

**BLATT**
Motivhöhe: 83,6 cm | Anzahl der Post-it®-Notes: 70

**PFIFFERLING**
Motivhöhe: 1221,6 cm | Anzahl der Post-it®-Notes: 80

**EULE**
Motivhöhe: 114 cm | Anzahl der Post-it®-Notes: 137

VÖGELCHEN
Motivhöhe: 76 cm | Anzahl der Post-it®-Notes: 70
BÄUMCHEN
Motivhöhe: 159,6 cm | Anzahl der Post-it®-Notes: 93
HÄSSCHEN
Motivhöhe: 83,6 cm | Anzahl der Post-it®-Notes: 72
MEERSCHWEINCHEN
Motivhöhe: 53,2 cm | Anzahl der Post-it®-Notes: 76

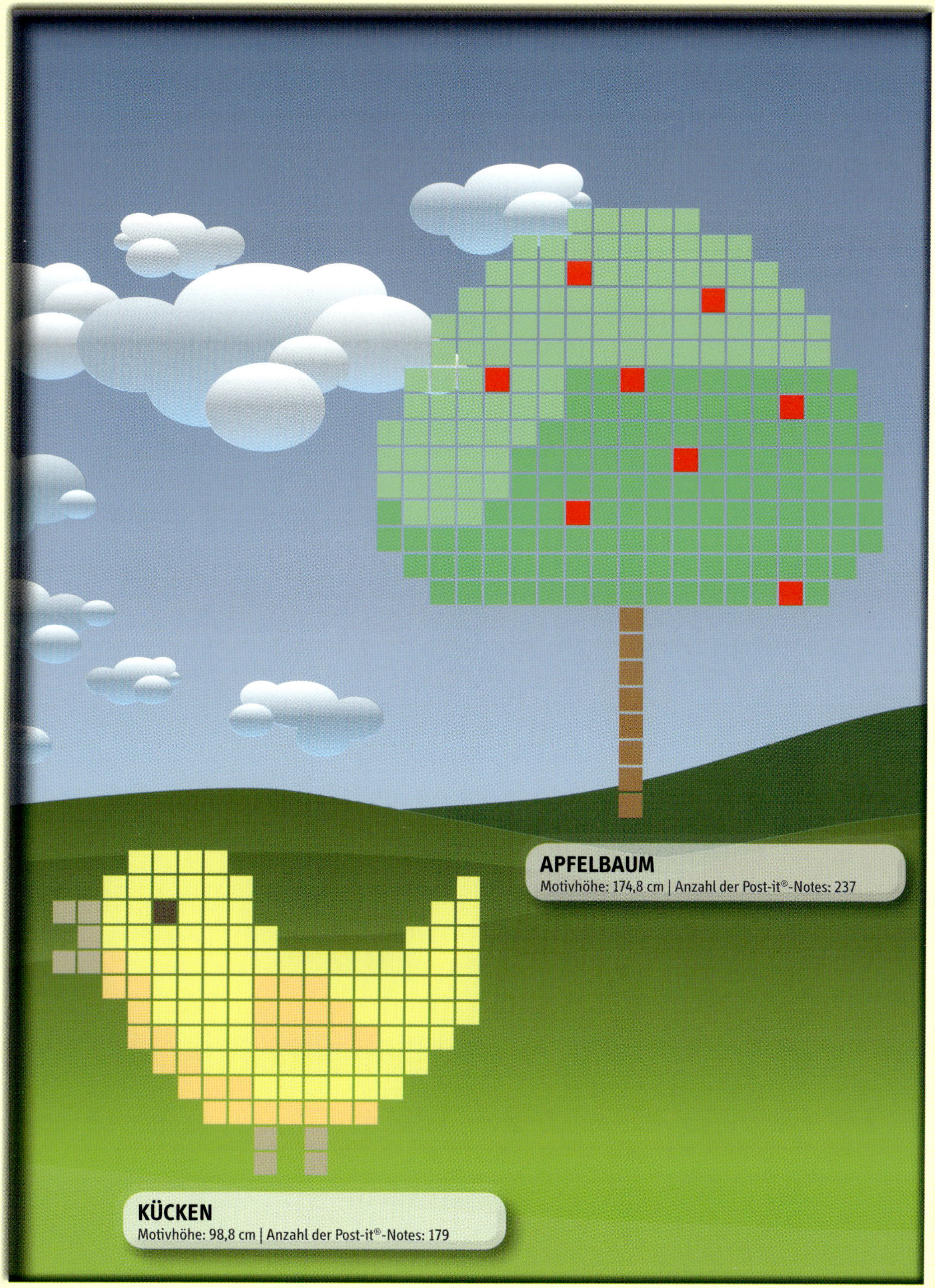

**APFELBAUM**
Motivhöhe: 174,8 cm | Anzahl der Post-it®-Notes: 237

**KÜCKEN**
Motivhöhe: 98,8 cm | Anzahl der Post-it®-Notes: 179

SCHMETTERLING
Motivhöhe: 76 cm | Anzahl der Post-it®-Notes: 64
TANNE
Motivhöhe: 144,4 cm | Anzahl der Post-it®-Notes: 119
MAUS
Motivhöhe: 76 cm | Anzahl der Post-it®-Notes: 87

**ENTE**
Motivhöhe: 121,6 cm | Anzahl der Post-it®-Notes: 199

**SCHNECKE**
Motivhöhe: 60,8 cm | Anzahl der Post-it®-Notes: 83

**BÄRCHEN**
Motivhöhe: 121,6 cm | Anzahl der Post-it®-Notes: 132

**AQUARIUS**
Motivhöhe: 220,4 cm | Anzahl der Post-it®-Notes: 392

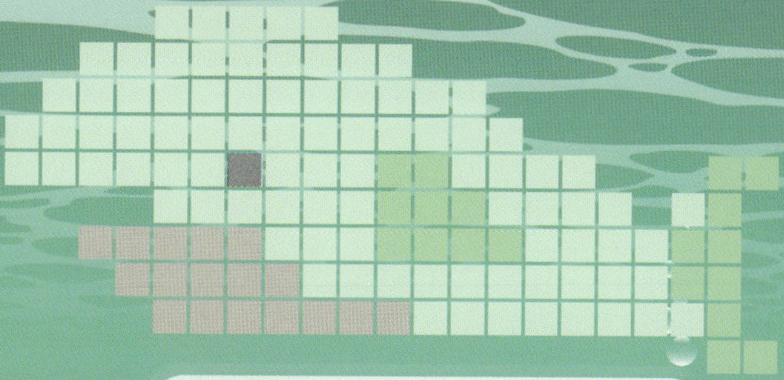

**WALFISCH**
Motivhöhe: 68,4 cm | Anzahl der Post-it®-Notes: 125

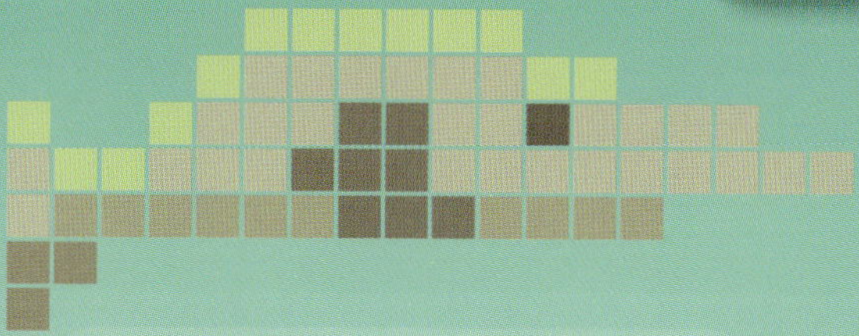

**NASENFISCH**
Motivhöhe: 53,2 cm | Anzahl der Post-it®-Notes: 64

**GRÜNFISCH**
Motivhöhe: 53,2 cm | Anzahl der Post-it®-Notes: 89

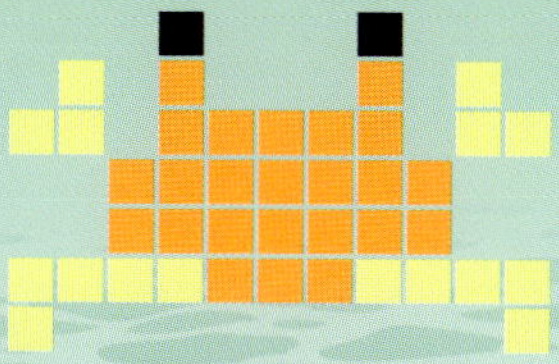

**KREBSDAME**
Motivhöhe: 53,2 cm | Anzahl der Post-it®-Notes: 42

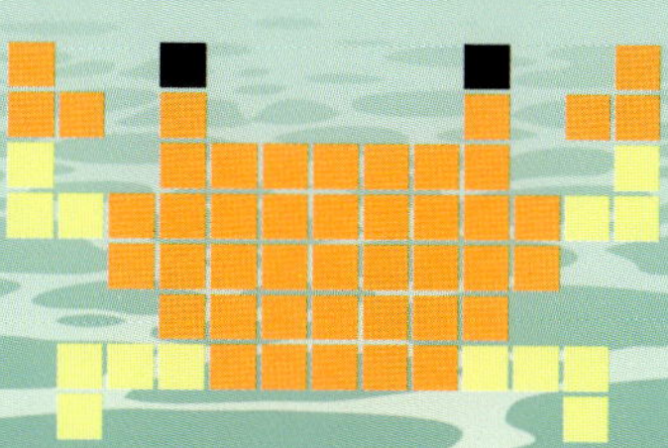

**KREBS**
Motivhöhe: 60,8 cm | Anzahl der Post-it®-Notes: 61

GELBER FISCH
Motivhöhe: 53,2 cm | Anzahl der Post-it®-Notes: 64
SCHWIMMENDE SCHILDKRÖTE
Motivhöhe: 159,6 cm | Anzahl der Post-it®-Notes: 243
SCHILDKRÖTE IM PROFIL
Motivhöhe: 76 cm | Anzahl der Post-it®-Notes: 160

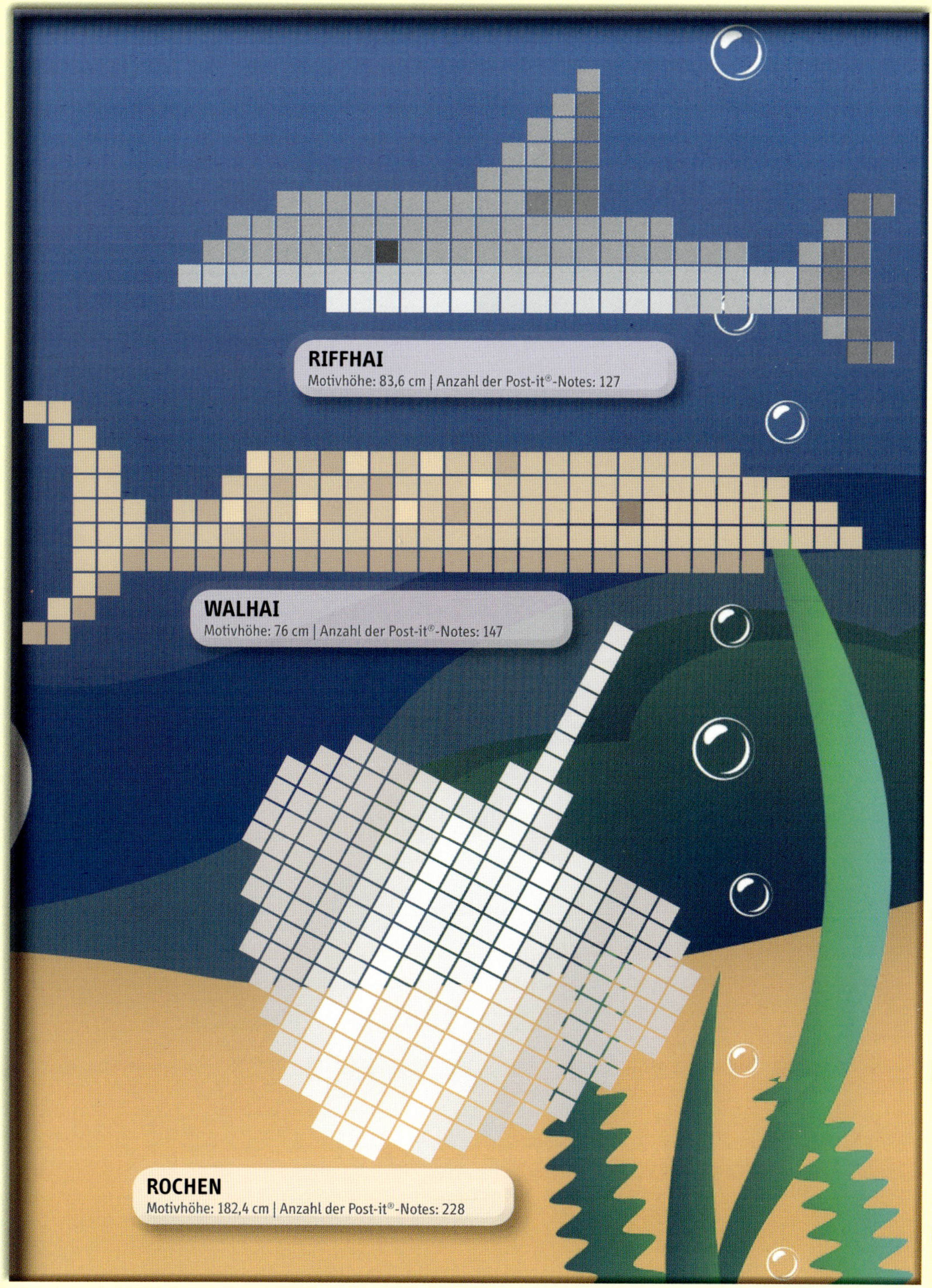
RIFFHAI
Motivhöhe: 83,6 cm | Anzahl der Post-it®-Notes: 127
WALHAI
Motivhöhe: 76 cm | Anzahl der Post-it®-Notes: 147
ROCHEN
Motivhöhe: 182,4 cm | Anzahl der Post-it®-Notes: 228

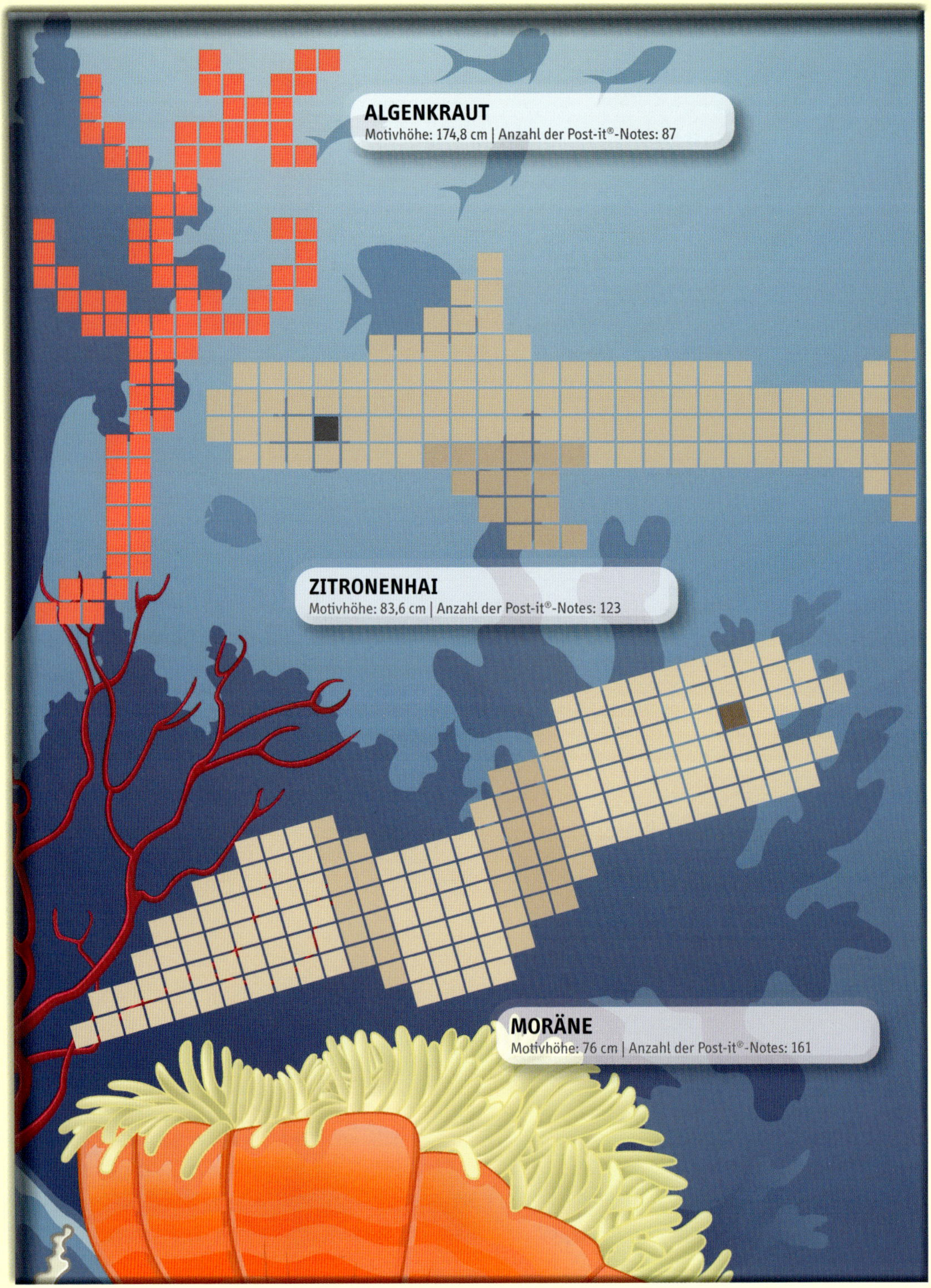
ALGENKRAUT
Motivhöhe: 174,8 cm | Anzahl der Post-it®-Notes: 87
ZITRONENHAI
Motivhöhe: 83,6 cm | Anzahl der Post-it®-Notes: 123
MORÄNE
Motivhöhe: 76 cm | Anzahl der Post-it®-Notes: 161

**TINTENFISCH**
Motivhöhe: 106,4 cm | Anzahl der Post-it®-Notes: 64

**QUALLE**
Motivhöhe: 13 cm | Anzahl der Post-it®-Notes: 51

SANDVOGEL
Motivhöhe: 106,4 cm | Anzahl der Post-it®-Notes: 114
NATTER
Motivhöhe: 68,4 cm | Anzahl der Post-it®-Notes: 65
VIPER
Motivhöhe: 38 cm | Anzahl der Post-it®-Notes: 61

**MAKI**
Motivhöhe: 190 cm | Anzahl der Post-it®-Notes: 369

**GIRAFFE**
Motivhöhe: 205,2 cm | Anzahl der Post-it®-Notes: 110

GESPENST
Motivhöhe: 174,8 cm
Anzahl der Post-it®-Notes: 225
SKULL
Motivhöhe: 83,6 cm
Anzahl der Post-it®-Notes: 78
SKELETT
Motivhöhe: 167,2 cm
Anzahl der Post-it®-Notes: 174
GESPENST 2
Motivhöhe: 83,6 cm
Anzahl der Post-it®-Notes: 58

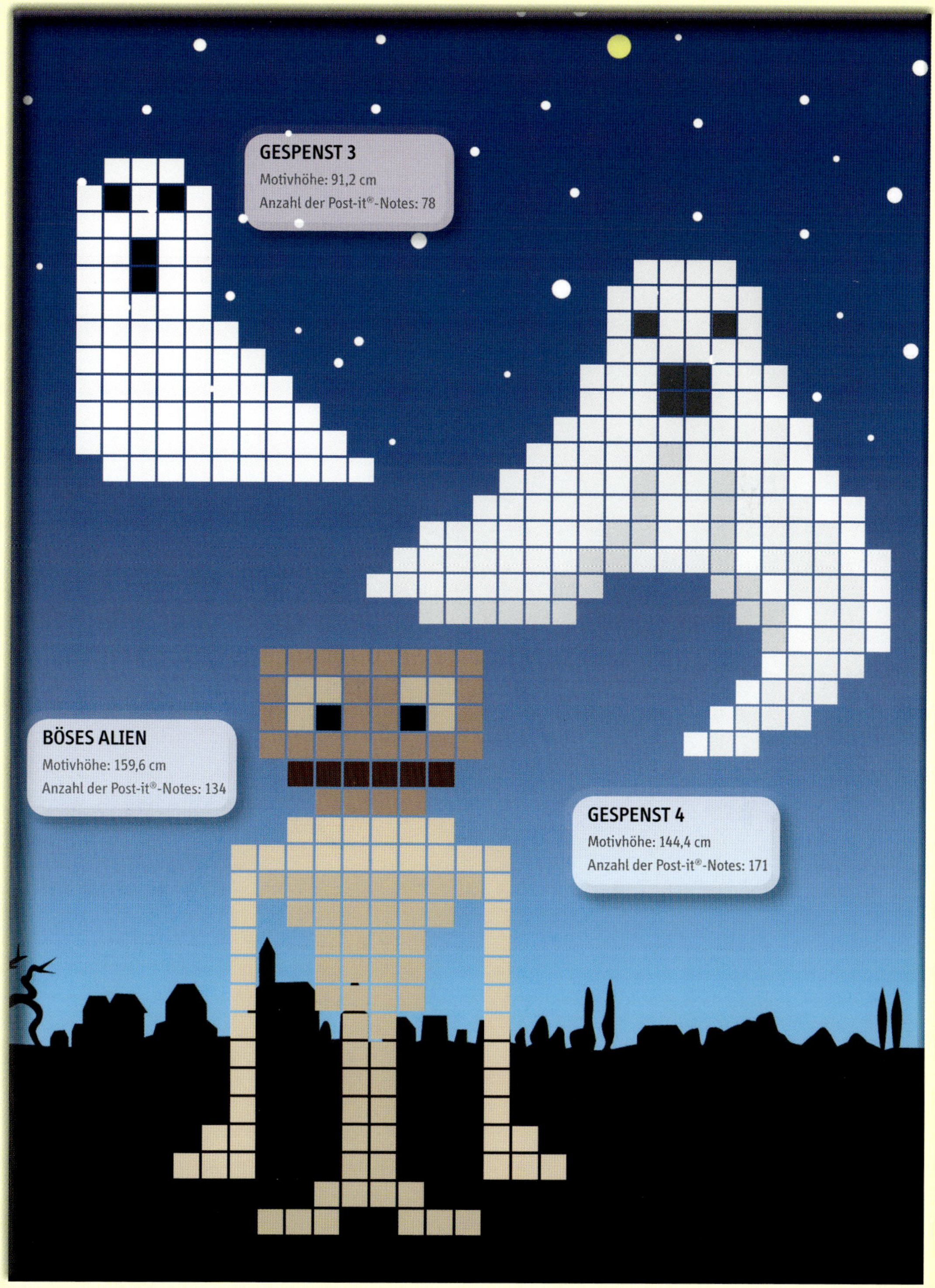
GESPENST 3
Motivhöhe: 91,2 cm
Anzahl der Post-it®-Notes: 78
BÖSES ALIEN
Motivhöhe: 159,6 cm
Anzahl der Post-it®-Notes: 134
GESPENST 4
Motivhöhe: 144,4 cm
Anzahl der Post-it®-Notes: 171

FLEDERMAUS
Motivhöhe: 68,4 cm
Anzahl der Post-it®-Notes: 91
KÖRPERLOS
Motivhöhe: 91,2 cm
Anzahl der Post-it®-Notes: 148
KOPFLOS
Motivhöhe: 129,2 cm
Anzahl der Post-it®-Notes: 76

SPINNE
Motivhöhe: 114 cm
Anzahl der Post-it®-Notes: 173
GEIST
Motivhöhe: 159,6 cm
Anzahl der Post-it®-Notes: 71
KÜRBIS
Motivhöhe: 159,6 cm
Anzahl der Post-it®-Notes: 363

HÄNGENDES AUGEN-MONSTER
Motivhöhe: 136,8 cm
Anzahl der Post-it®-Notes: 142
GLUBSCHAUGEN
Motivhöhe: 53,2 cm
Anzahl der Post-it®-Notes: 71
STEHENDES AUGENMONSTER
Motivhöhe: 152 cm
Anzahl der Post-it®-Notes: 128

**MONSTERSCHÄDEL**
Motivhöhe: 114 cm
Anzahl der Post-it®-Notes: 172

**FLIEGENDES AUGE**
Motivhöhe: 68,4 cm
Anzahl der Post-it®-Notes: 44

**STUNK**
Motivhöhe:190 cm
Anzahl der Post-it®-Notes: 339

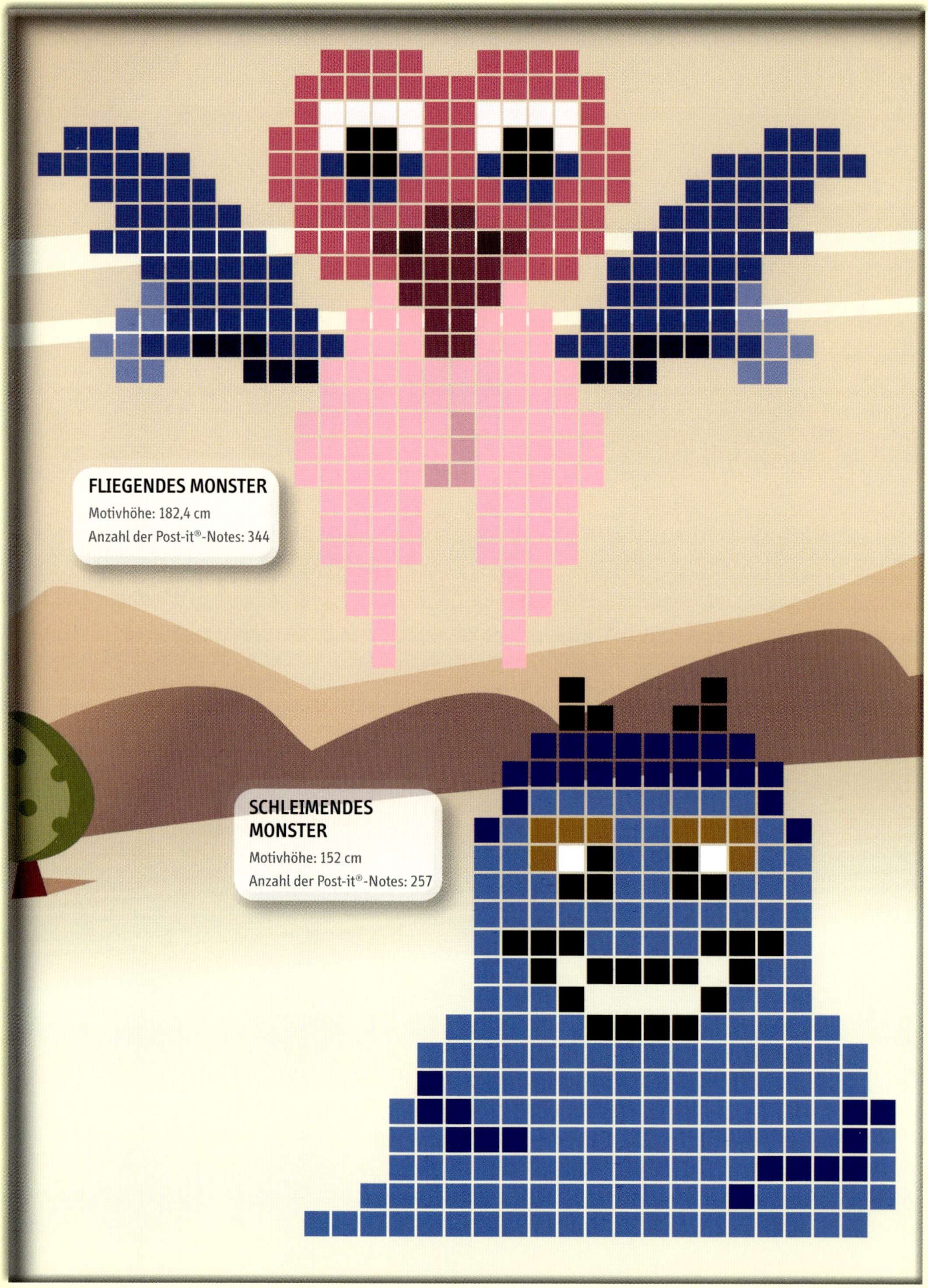

**FLIEGENDES MONSTER**
Motivhöhe: 182,4 cm
Anzahl der Post-it®-Notes: 344

**SCHLEIMENDES MONSTER**
Motivhöhe: 152 cm
Anzahl der Post-it®-Notes: 257

KILLERSPINNE
Motivhöhe: 144,4 cm
Anzahl der Post-it®-Notes: 114
TOTER BAUM
Motivhöhe: 152 cm
Anzahl der Post-it®-Notes: 66
KRIECHENDES MONSTER
Motivhöhe: 136,8 cm
Anzahl der Post-it®-Notes: 314

SPIEL, SPASS UND EMOTIONEN
Gameboy, Pac-Man und Co – wer erinnert sich nicht gerne an die Anfänge der digitalen Spielewelt zurück? Dieses Kapitel belebt in Vergessenheit geratenes neu und macht Lust auf noch mehr Spiel, Spaß und Emotionen. Hier finden Sie originelle Motive die sich von jetzt an nicht mehr nur auf Bildschirmen zeigen.

**UREL PROTO**

Motivhöhe: 53,2 cm | Anzahl der Post-it®-Notes: 39

**UREL 1**

Motivhöhe: 60,8 cm | Anzahl der Post-it®-Notes: 42

**PAC-MAN**

Motivhöhe: 98,8 cm | Anzahl der Post-it®-Notes: 122

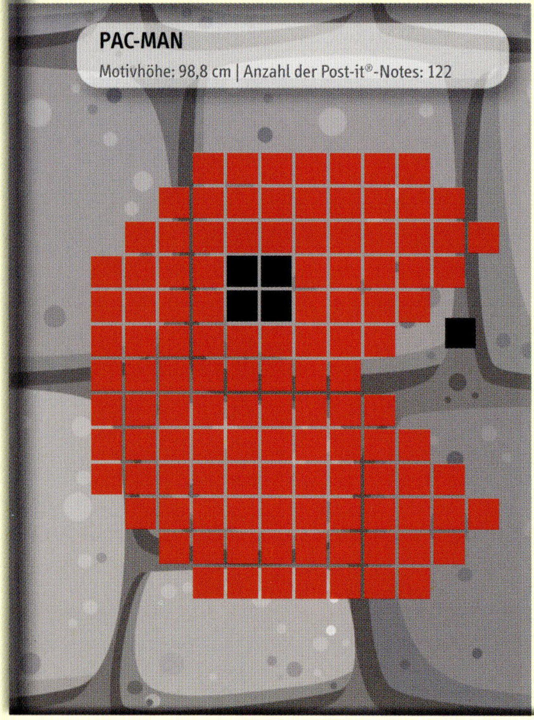

**KLEINER ZOCKER**

Motivhöhe: 83,6 cm | Anzahl der Post-it®-Notes: 75

**RAKETE MARS**

Motivhöhe: 129,2 cm | Anzahl der Post-it®-Notes: 111

**RAKETE PLUTO**

Motivhöhe: 144,4 cm| Anzahl der Post-it®-Notes: 119

**PAC-MAN MINI**

Motivhöhe: 53,2 cm | Anzahl der Post-it®-Notes: 50

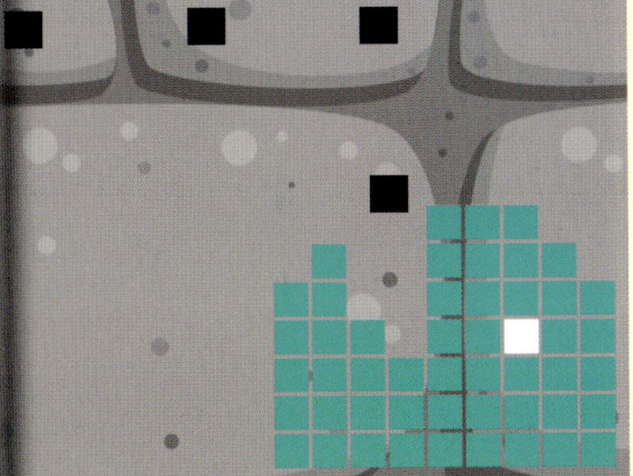

**SPEEDRAKETE**

Motivhöhe: 106,4 cm | Anzahl der Post-it®-Notes: 80

**BILO 1**
Motivhöhe: 53,2 cm | Anzahl der Post-it®-Notes: 40

**PILZGEGNER**
Motivhöhe: 38 cm | Anzahl der Post-it®-Notes: 29

**UREL 2**
Motivhöhe: 53,2 cm | Anzahl der Post-it®-Notes: 38

**HUNGRIGER PAC-MAN**
Motivhöhe: 98,8 cm | Anzahl der Post-it®-Notes: 131

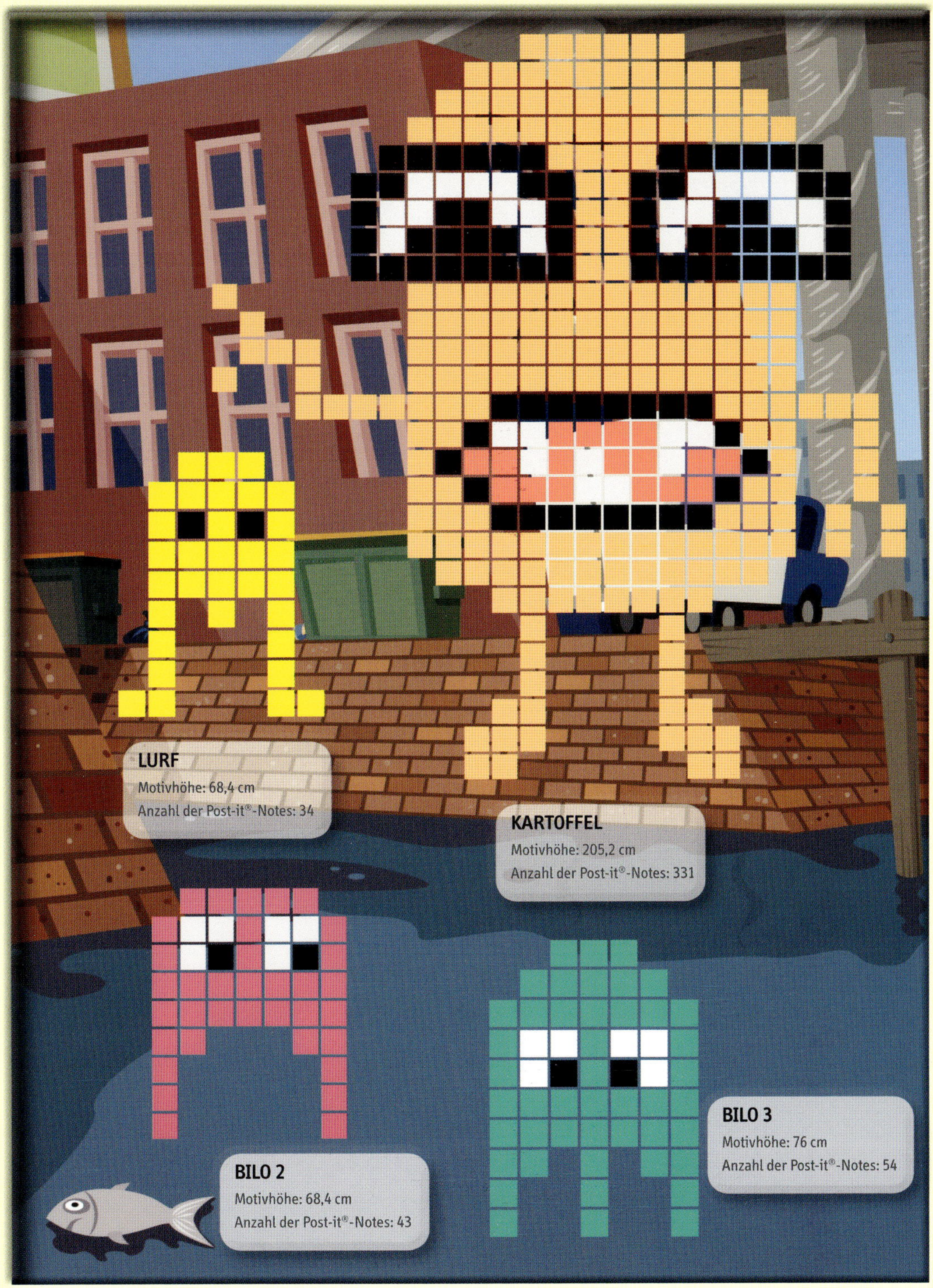
LURF
Motivhöhe: 68,4 cm
Anzahl der Post-it®-Notes: 34
KARTOFFEL
Motivhöhe: 205,2 cm
Anzahl der Post-it®-Notes: 331
BILO 2
Motivhöhe: 68,4 cm
Anzahl der Post-it®-Notes: 43
BILO 3
Motivhöhe: 76 cm
Anzahl der Post-it®-Notes: 54

**PACKER**
Motivhöhe: 98,8 cm | Anzahl der Post-it®-Notes: 94

**SCREEN**
Motivhöhe: 98,8 cm | Anzahl der Post-it®-Notes: 136

**CONTROLLER**
Motivhöhe: 45,6 cm | Anzahl der Post-it®-Notes: 54

**RETRO- CONTROLLER**
Motivhöhe: 76 cm | Anzahl der Post-it®-Notes: 94

**UREL 3**
Motivhöhe: 53,2 cm | Anzahl der Post-it®-Notes: 50

**GAMEBOY**
Motivhöhe: 129,2 cm | Anzahl der Post-it®-Notes: 186

**BILO 4**
Motivhöhe: 53,2 cm | Anzahl der Post-it®-Notes: 36

**BREITER PAC-MAN**
Motivhöhe: 98,8 cm | Anzahl der Post-it®-Notes: 125

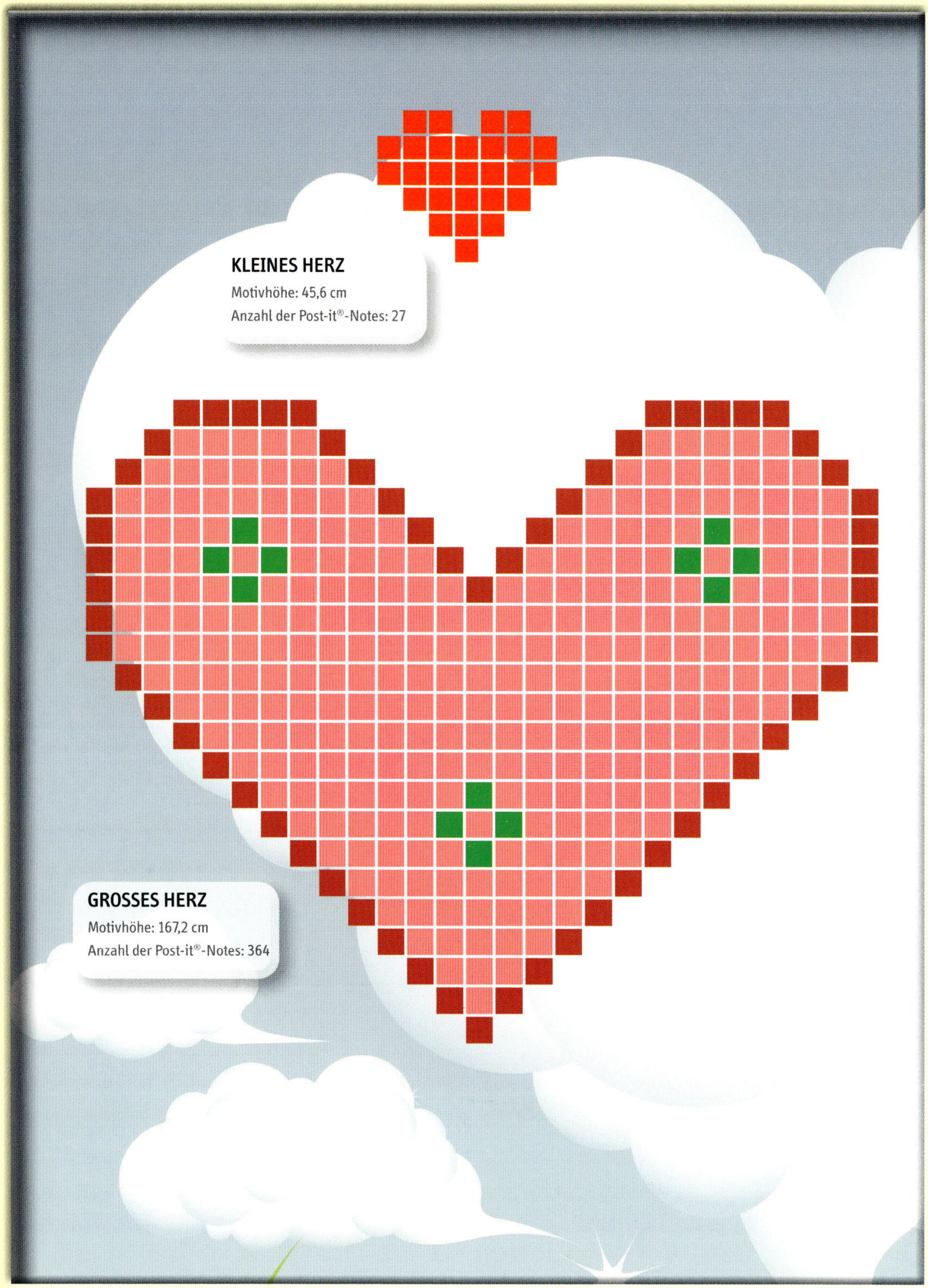
KLEINES HERZ
Motivhöhe: 45,6 cm
Anzahl der Post-it®-Notes: 27
GROSSES HERZ
Motivhöhe: 167,2 cm
Anzahl der Post-it®-Notes: 364

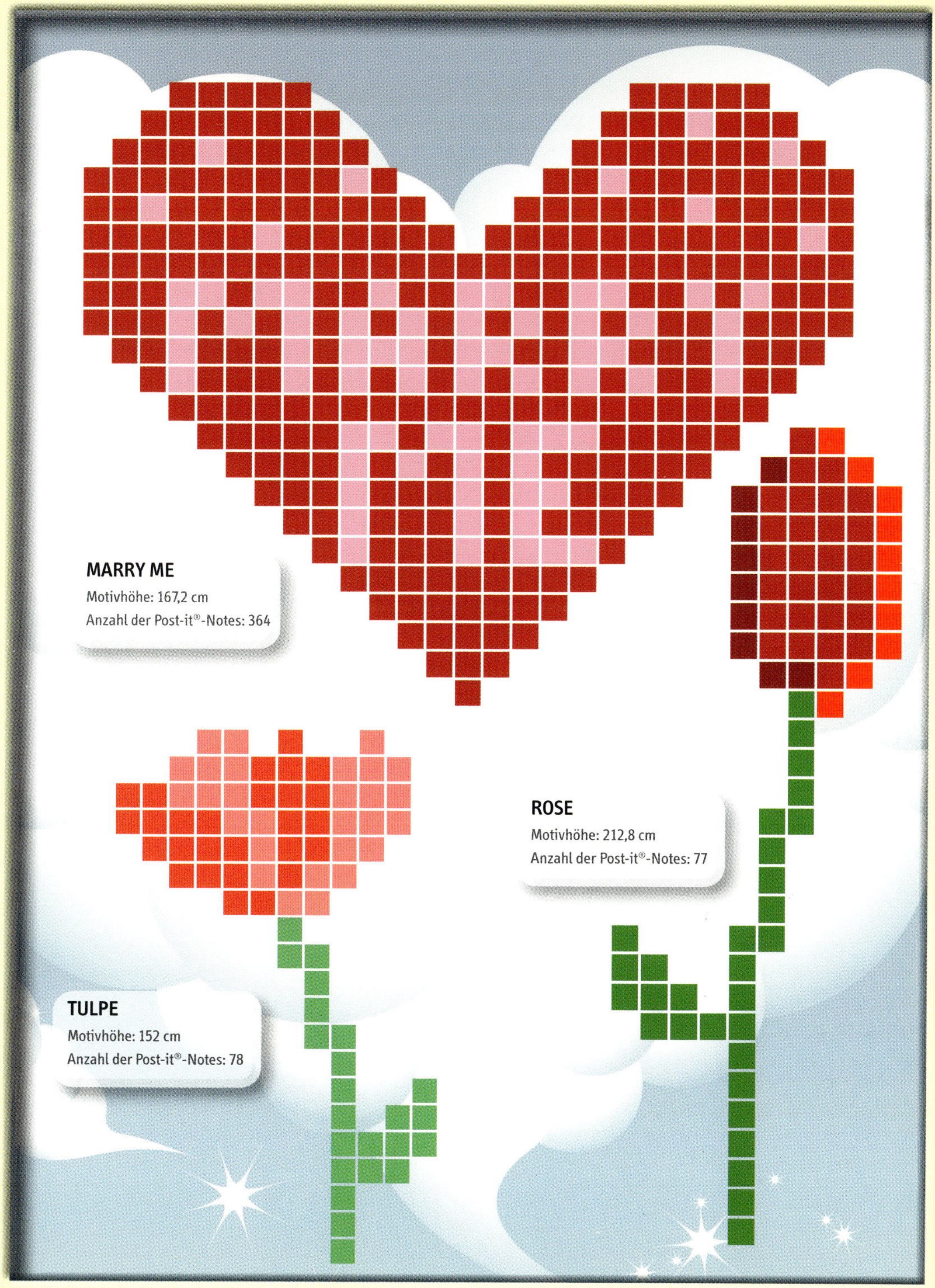
MARRY ME
Motivhöhe: 167,2 cm
Anzahl der Post-it®-Notes: 364
ROSE
Motivhöhe: 212,8 cm
Anzahl der Post-it®-Notes: 77
TULPE
Motivhöhe: 152 cm
Anzahl der Post-it®-Notes: 78

# ALLTAGSBILDER

Lust auf einen Cocktail? Oder doch lieber eine Kirschtorte? Alltagsmotive sind nicht nur ein toller Hingucker, sondern lassen sich völlig frei und individuell umsetzen. Hier ist für jeden etwas dabei: vom Lieblingsschuh über Obst bis hin zu Ihrem favorisierten Getränk. Oder Sie lassen Ihrer Kreativität einfach freien Lauf und entwickeln Sie eigene Post-it® Notes Kreationen.

**PYRUS**
Motivhöhe: 114 cm | Anzahl der Post-it®-Notes: 99

**KIRSCHE**
Motivhöhe: 76 cm | Anzahl der Post-it®-Notes: 35

**APFEL**
Motivhöhe: 83,6 cm | Anzahl der Post-it®-Notes: 65

**BANANE**
Motivhöhe: 68,4 cm | Anzahl der Post-it®-Notes: 92

BIRNE
Motivhöhe: 114 cm
Anzahl der Post-it®-Notes: 83
MELONE
Motivhöhe: 38 cm
Anzahl der Post-it®-Notes: 63
KAROTTE
Motivhöhe: 167,2 cm
Anzahl der Post-it®-Notes: 61
ANANAS
Motivhöhe: 243,2 cm
Anzahl der Post-it®-Notes: 377

FOTOAPPARAT
Motivhöhe: 76 cm
Anzahl der Post-it®-Notes: 77
FLIP...
Motivhöhe: 98,8 cm
Anzahl der Post-it®-Notes: 87
...FLOP
Motivhöhe: 98,8 cm
Anzahl der Post-it®-Notes: 87

ANKER
Motivhöhe: 167,2 cm
Anzahl der Post-it®-Notes: 110
BOOT
Motivhöhe: 98,8 cm
Anzahl der Post-it®-Notes: 70
FLAGGE
Motivhöhe: 114 cm
Anzahl der Post-it®-Notes: 75

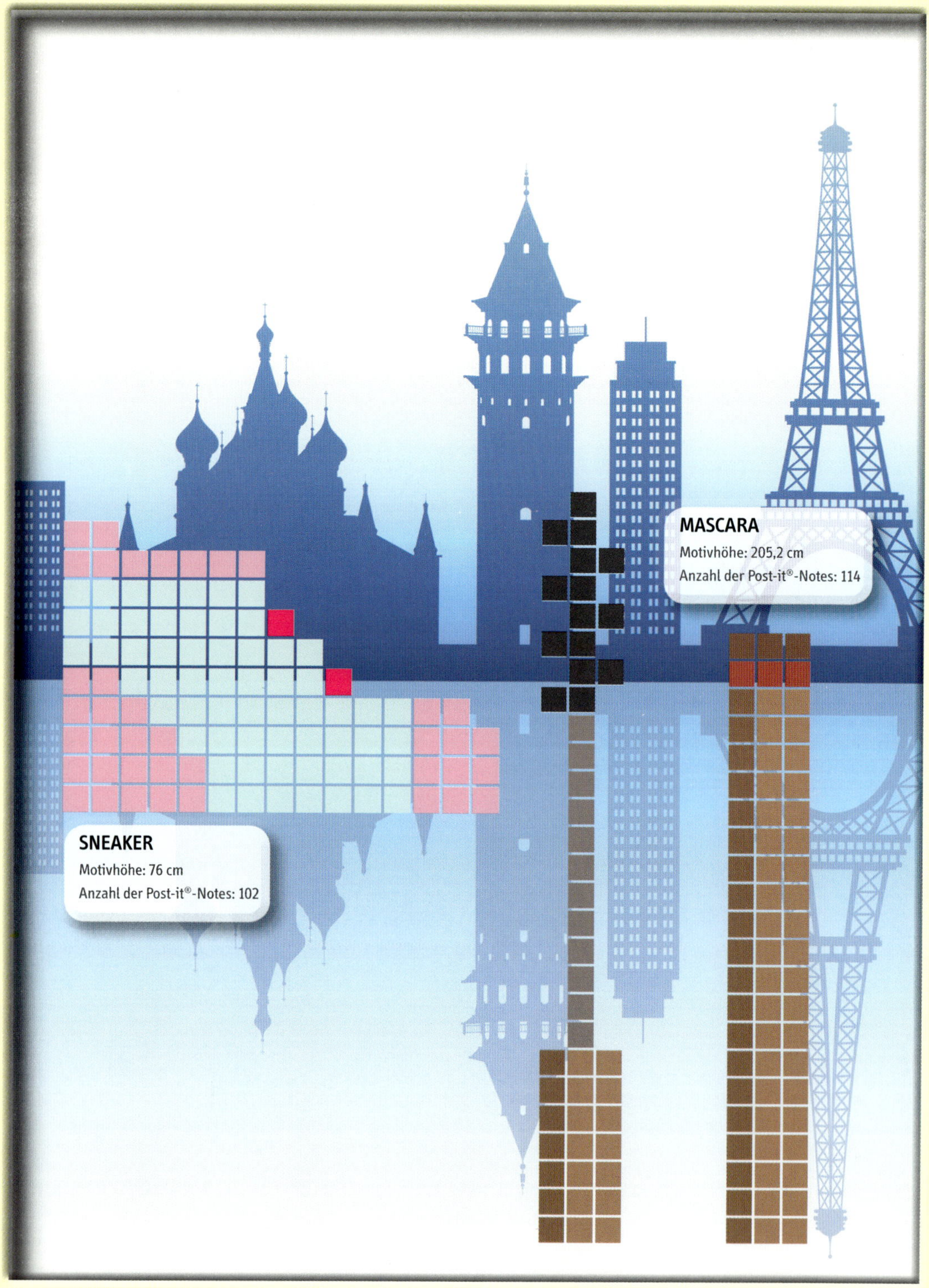
MASCARA
Motivhöhe: 205,2 cm
Anzahl der Post-it®-Notes: 114
SNEAKER
Motivhöhe: 76 cm
Anzahl der Post-it®-Notes: 102

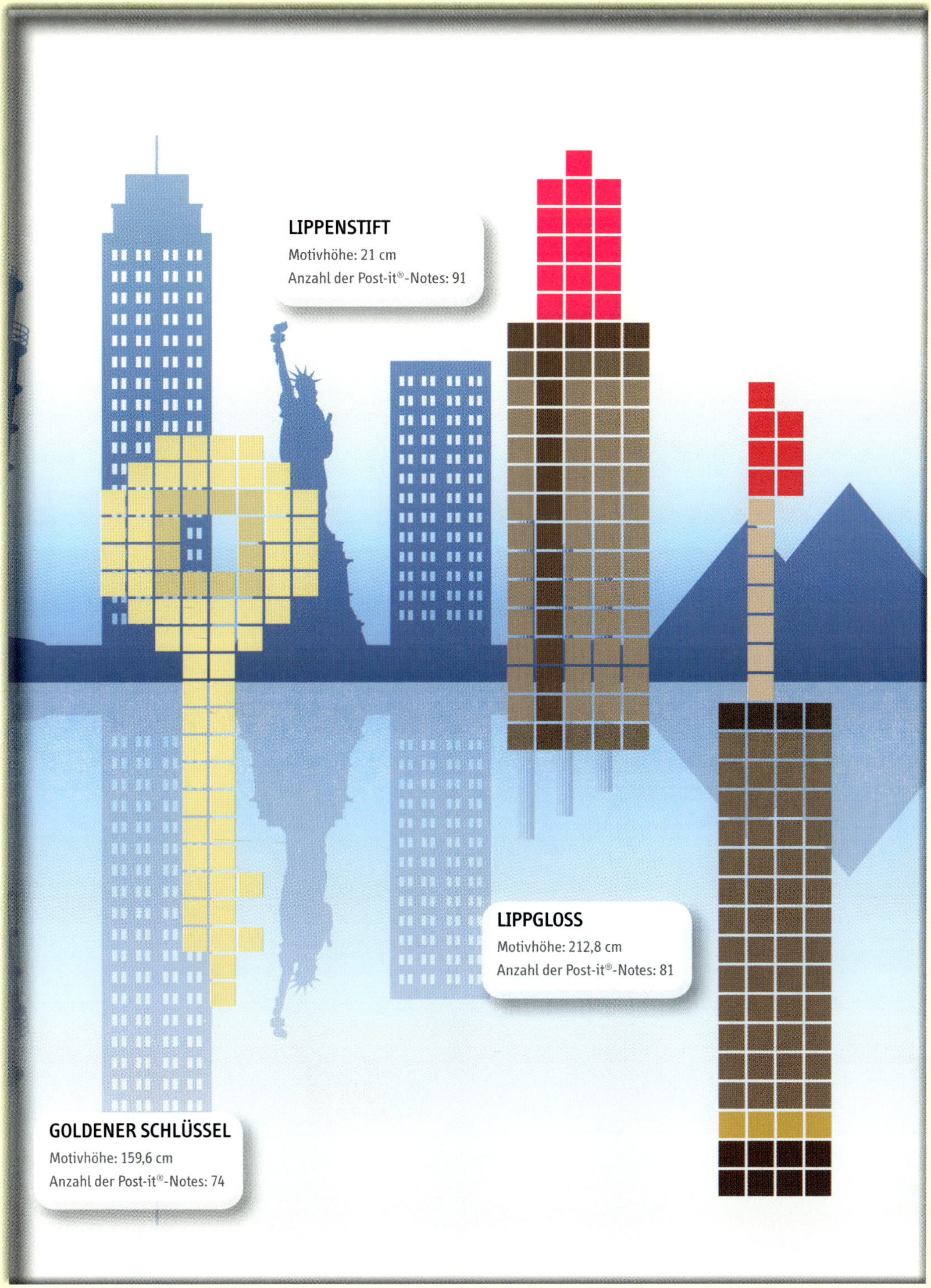
LIPPENSTIFT
Motivhöhe: 21 cm
Anzahl der Post-it®-Notes: 91
LIPPGLOSS
Motivhöhe: 212,8 cm
Anzahl der Post-it®-Notes: 81
GOLDENER SCHLÜSSEL
Motivhöhe: 159,6 cm
Anzahl der Post-it®-Notes: 74

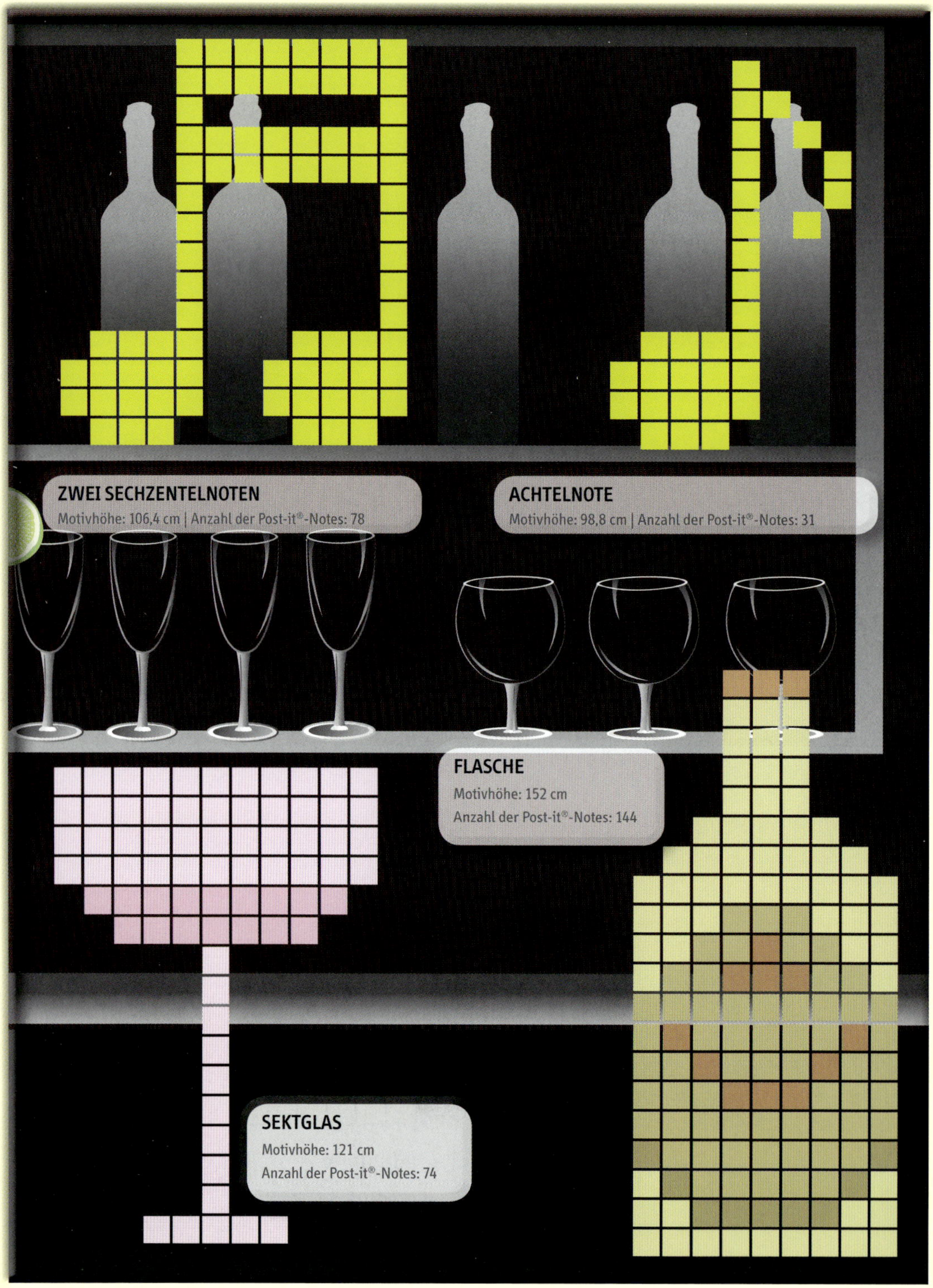
ZWEI SECHZENTELNOTEN
Motivhöhe: 106,4 cm | Anzahl der Post-it®-Notes: 78
ACHTELNOTE
Motivhöhe: 98,8 cm | Anzahl der Post-it®-Notes: 31
FLASCHE
Motivhöhe: 152 cm
Anzahl der Post-it®-Notes: 144
SEKTGLAS
Motivhöhe: 121 cm
Anzahl der Post-it®-Notes: 74

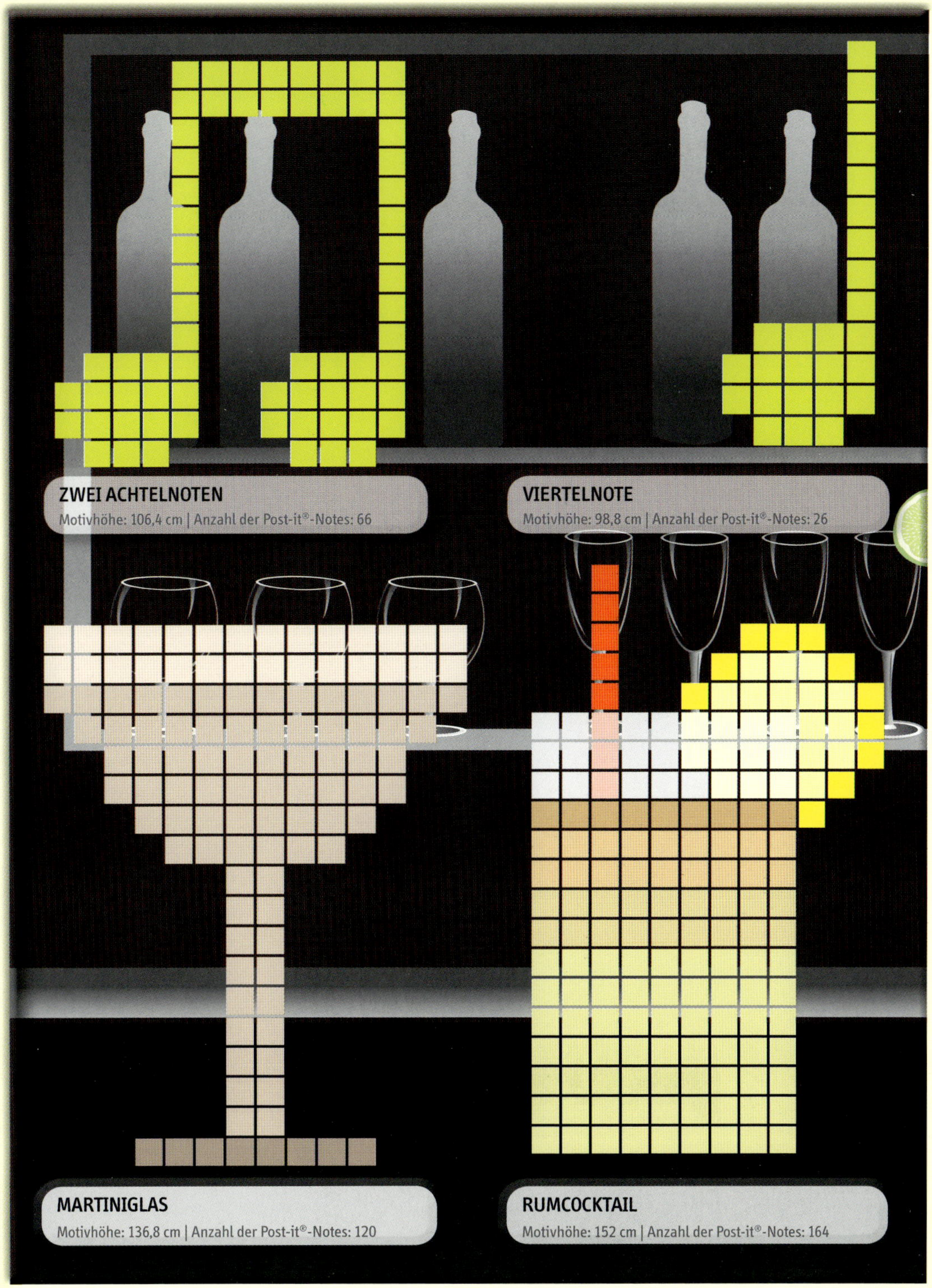

**ZWEI ACHTELNOTEN**
Motivhöhe: 106,4 cm | Anzahl der Post-it®-Notes: 66

**VIERTELNOTE**
Motivhöhe: 98,8 cm | Anzahl der Post-it®-Notes: 26

**MARTINIGLAS**
Motivhöhe: 136,8 cm | Anzahl der Post-it®-Notes: 120

**RUMCOCKTAIL**
Motivhöhe: 152 cm | Anzahl der Post-it®-Notes: 164

**SONNENBRILLE**
Motivhöhe: 106,4 cm | Anzahl der Post-it®-Notes: 146

**BRILLE**
Motivhöhe: 106,4 cm | Anzahl der Post-it®-Notes: 80

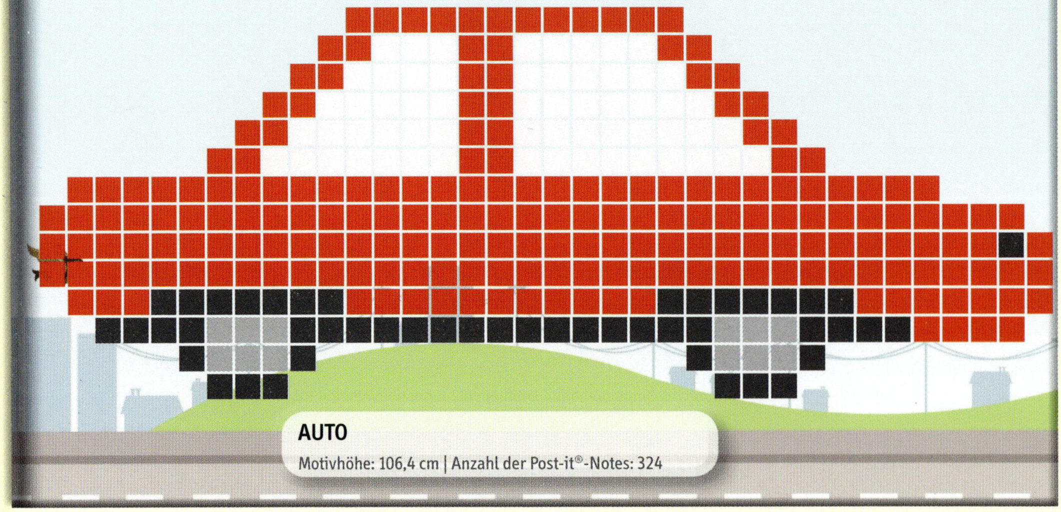

**AUTO**
Motivhöhe: 106,4 cm | Anzahl der Post-it®-Notes: 324

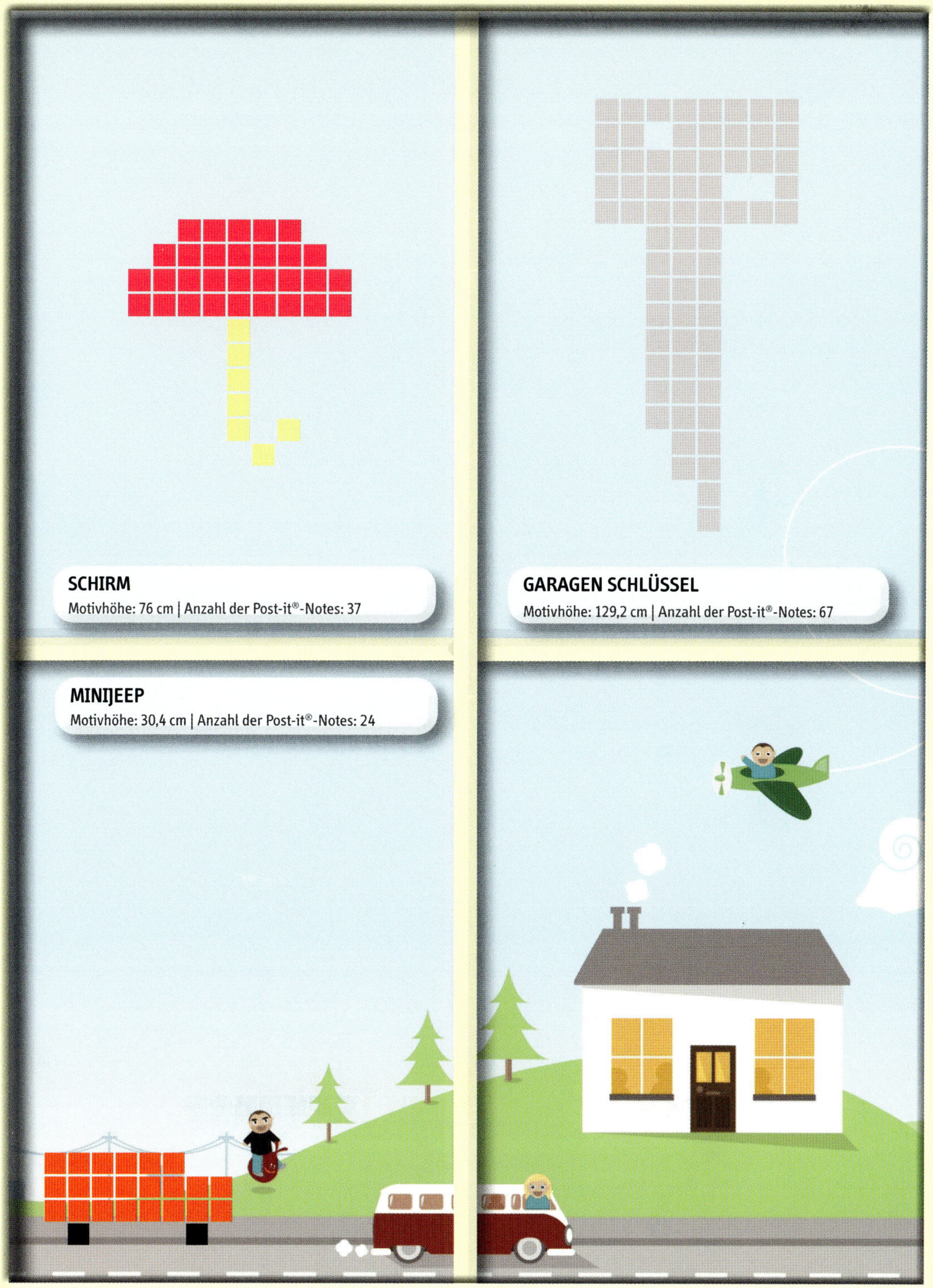
SCHIRM
Motivhöhe: 76 cm | Anzahl der Post-it®-Notes: 37
GARAGEN SCHLÜSSEL
Motivhöhe: 129,2 cm | Anzahl der Post-it®-Notes: 67
MINIJEEP
Motivhöhe: 30,4 cm | Anzahl der Post-it®-Notes: 24

BLEISTIFT
Motivhöhe: 228 cm
Anzahl der Post-it®-Notes: 86
CHAMPAGNER
Motivhöhe: 220,4 cm
Anzahl der Post-it®-Notes: 213
CAIPIRINHA
Motivhöhe: 182,4 cm
Anzahl der Post-it®-Notes: 224

**BIERFLASCHE**

Motivhöhe: 197,6 cm

Anzahl der Post-it®-Notes: 198

**HIGH HEELS**

Motivhöhe: 192,2 cm

Anzahl der Post-it®-Notes: 159

**KIRSCHTORTE**
Motivhöhe: 60,8 cm
Anzahl der Post-it®-Notes: 71

**TÖRTCHEN**
Motivhöhe: 144,4 cm
Anzahl der Post-it®-Notes: 201

**WAFFELEIS**

Motivhöhe: 182,4 cm

Anzahl der Post-it®-Notes: 164

**SMILEY**

Motivhöhe: 76 cm

Anzahl der Post-it®-Notes: 88

# TYPO, MUSTER UND SYMBOLE

Setzen Sie ein Statement! Dieses Kapitel widmet sich Worten, Mustern und Symbolen. Was Handys und digitale Medien bisher nicht übermitteln konnten, schafft nun möglicherweise eine Post-it® Notes Nachricht. Denn nicht nur Bilder, sondern auch Klebebotschaften, eignen sich ideal als Fensterbild.

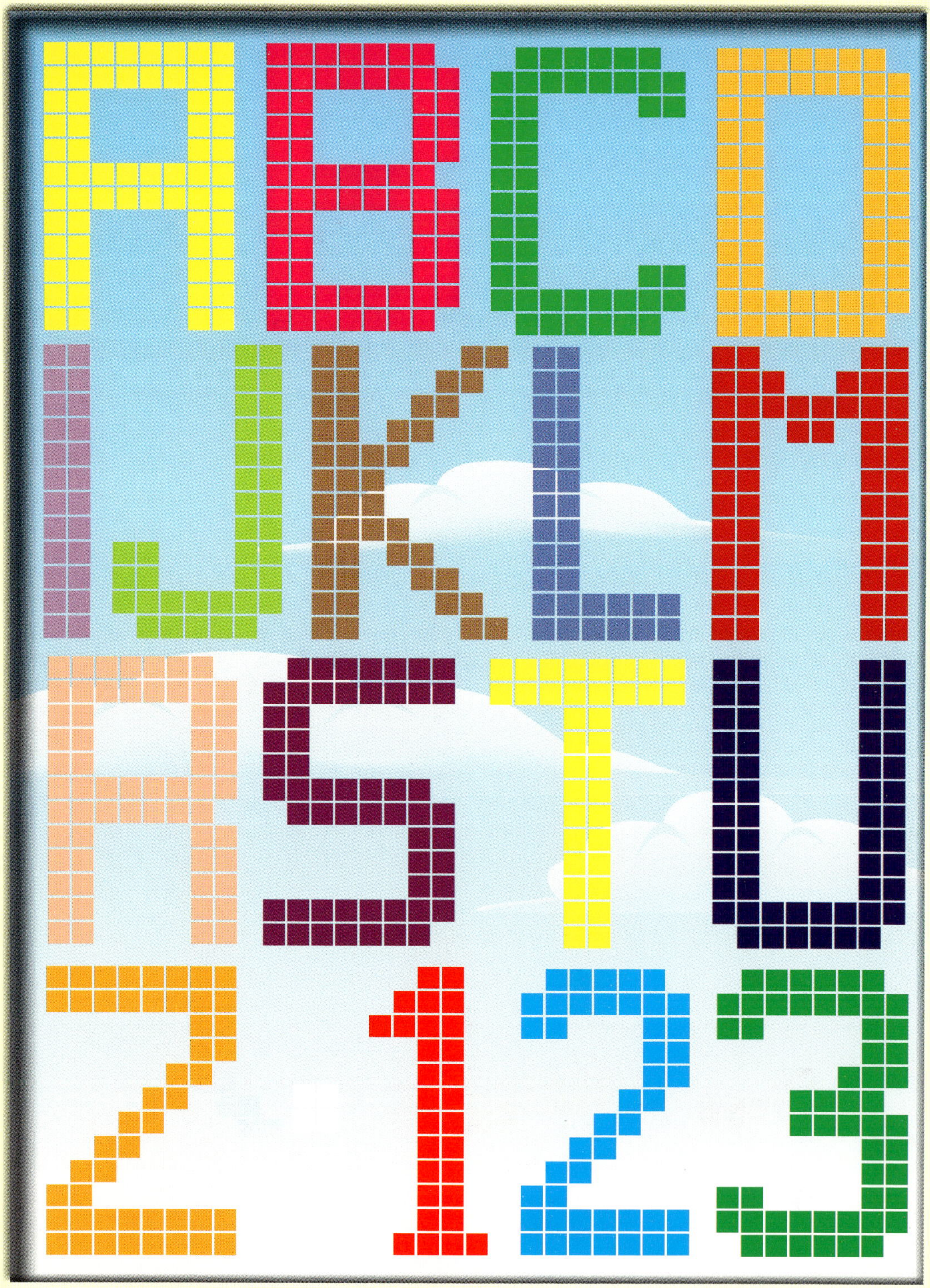
ABCD
IJKLM
RSTU
Z123

**ALPHABET**

Motivhöhe: 91,2 cm

Anzahl der Post-it®-Notes: 1613

**ORNAMENTAL**
Motivhöhe: 1140 cm
Anzahl der Post-it®-Notes: 444

**ORIENTAL**
Motivhöhe: 53,2 cm
Anzahl der Post-it®-Notes: 238

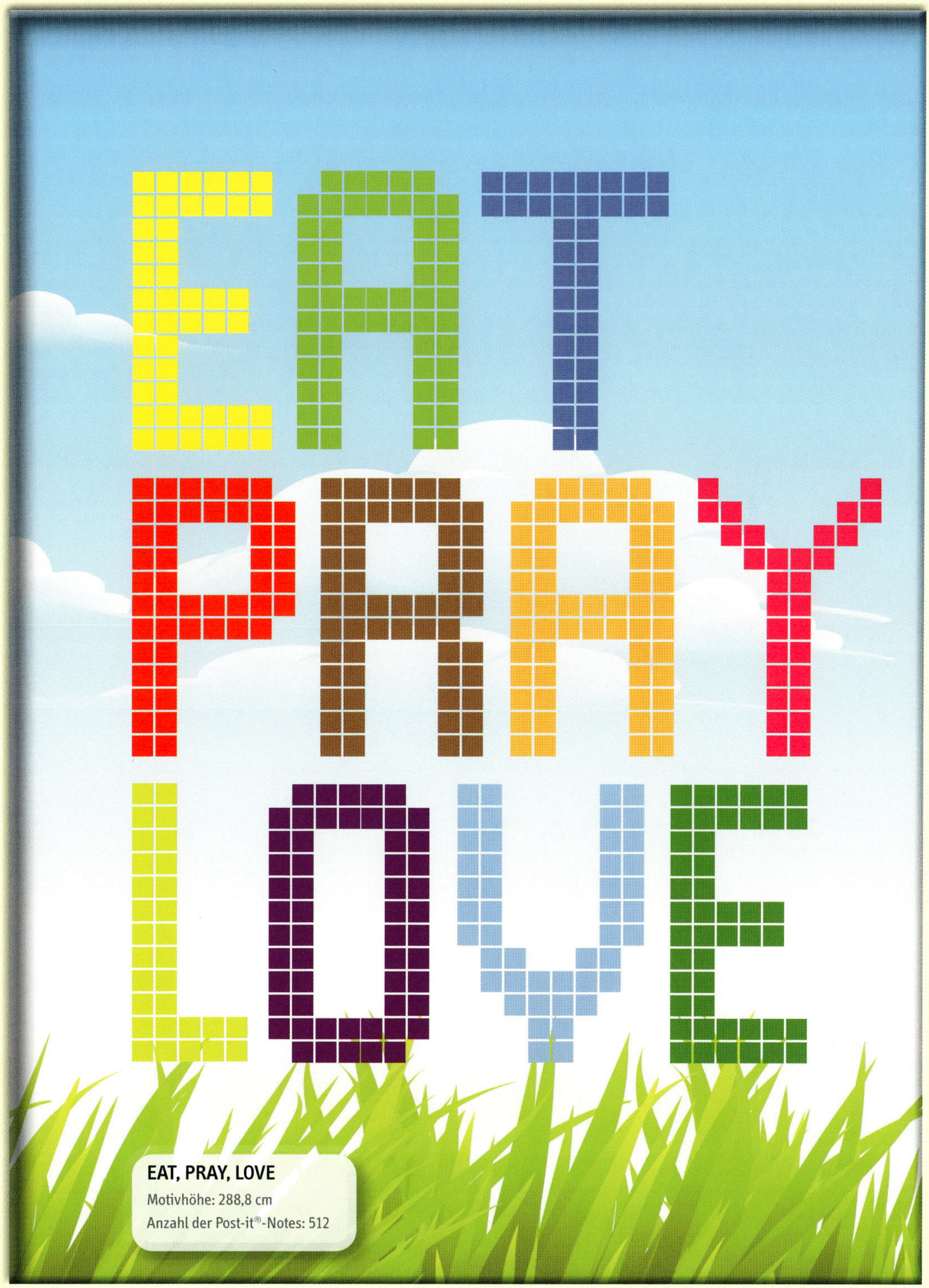


**EAT, PRAY, LOVE**
Motivhöhe: 288,8 cm
Anzahl der Post-it®-Notes: 512

GO GREEN
Motivhöhe: 91,2 cm
Anzahl der Post-it®-Notes: 380
GO
HIRE

**HIRE ME!**

Motivhöhe: 190 cm

Anzahl der Post-it®-Notes: 284

**KLEINER PFEIL**
Motivhöhe: 91,2 cm | Anzahl der Post-it®-Notes: 46

**VORSICHT**
Motivhöhe: 68,4 cm | Anzahl der Post-it®-Notes: 61

**VORFAHRT**
Motivhöhe: 159,6 cm | Anzahl der Post-it®-Notes: 53

**DOPPELPFEIL**
Motivhöhe: 114 cm | Anzahl der Post-it®-Notes: 58